1 読んで発見！①

目標時間は3分

Q 次の(1)〜(9)の漢字の読みを下の表から消します。ひらがなが二つ残ります。その二つをならべかえるとある「いきもの」を表す言葉になりますが，それは何でしょう。

例 <u>夜空</u>に光る星をながめる。

　　　　⇒「よぞら」と読むので，下の表の「よぞら」を斜線で消します。

(1) 朝，<u>太</u>陽がのぼってくる。

(2) ぼくは<u>姉</u>とよくケンカをする。

(3) わたしは<u>妹</u>と仲がよい。

(4) 雨の日に<u>室内</u>プールで泳ぐ。

(5) <u>家</u>来が殿様の世話をする。

(6) この<u>寺</u>院は古くからある。

(7) <u>少数</u>意見もきちんと聞く。

(8) その話は<u>本当</u>ですか。

(9) <u>岩山</u>を一人で登る。

分からない言葉は辞書でしらべよう！

よ	ぞ	ら	た	い	じ
し	あ	ね	わ	け	ほ
つ	い	も	う	と	ん
な	し	ょ	う	に	と
い	い	わ	や	ま	う

〔　　月　　日〕

2 熟語リンク ①

目標時間は3分

分　　　秒

QA 次のパズルは「熟語リンク」というパズルです。ルールにしたがって，考えましょう。

外			体	大	
		作		京	
				会	
					東
	立				
				交	文

QB Aで作った熟語五つを答えましょう。

＊これまでに習った熟語です。忘れてしまった場合は，覚えておきましょう。

ルール

① 熟語になる二つの漢字をたて・横の線で結びます。
② 線はマスの真ん中を通ります。
③ 線どうしが交わってはいけません。
④ 線は漢字の入っているマスは通れません。
⑤ 漢字の入っていないすべてのマスを線は一回だけ通ります。

●保護者の方へ：熟語の知識とパズルの思考力で語彙センスをきたえましょう！

3 熟語リンク ②

QA　次のパズルは「熟語リンク」というパズルです。ルールにしたがって，考えましょう。

日					
刀				公	光
	午	大			
				名	
	切	正		立	

QB　Aで作った熟語五つを答えましょう。

＊これまでに習った熟語です。忘れてしまった場合は，覚えておきましょう。

ルール

① 熟語になる二つの漢字をたて・横の線で結びます。
② 線はマスの真ん中を通ります。
③ 線どうしが交わってはいけません。
④ 線は漢字の入っているマスは通れません。
⑤ 漢字の入っていないすべてのマスを線は一回だけ通ります。

●保護者の方へ：熟語の知識とパズルの思考力で語彙センスをきたえましょう！

4 漢字マスター ①

目標時間は3分

分　　秒

Q 次の(1)～(10)の漢字を練習しましょう。

(1) □□に光る星をながめる。
よぞら　ひか　ほし

(2) 朝, □□がのぼってくる。　陽
あさ　たいよう

(3) ぼくは□とよくケンカをする。
あね

(4) わたしは □ と仲がよい。
いもうと　なか

(5) 雨の日に□□プールで泳ぐ。
しつない　およ

(6) □□が殿様の世話をする。　来
け らい　とのさま　せ わ

(7) この□□は古くからある。　院
じ いん　ふる

(8) □□意見もきちんと聞く。
しょうすう　い けん　き

(9) その話は□□ですか。
はなし　ほんとう

(10) □□を一人で登る。
いわやま　ひとり　のぼ

●保護者の方へ：熟語は漢字だけを覚えるのではなく，文の意味から考えられるようにしておきます！

5 読んで発見！②

目標時間は3分

分 秒

Q 次の(1)～(9)の漢字の読みを下の表から消していくと，ひらがなが四つ残ります。その四つをならべかえるとある「野菜」を表す言葉になりますが，それは何でしょう。

例 **十五夜**に月見をする。

　⇒「じゅうごや」と読むので，下の表の「じゅうごや」を斜線で消します。

(1) ヨットで**太**平洋を一周する。

(2) **姉上**，あちらでも元気でいてください。

(3) わたしたちは三人**姉妹**です。

(4) **教室**を出て校庭に行く。

(5) 人気**作家**の本を読む。

(6) この町には**寺社**が多い。

(7) **多少**間違えていても構いません。

(8) 今日は運動会**当日**だ。

(9) 雨が降ると**岩場**はすべりやすい。

じ	ゅ	う	ご	や	た	い
れ	あ	ね	う	え	と	い
し	ん	し	つ	じ	う	わ
ま	さ	っ	か	こ	じ	ば
い	た	し	ょ	う	つ	ん

●保護者の方へ：分からない言葉は辞書を使って調べます。筆順や他の熟語を知ってさらにパワーアップ！

6 分解パズル ①

目標時間は3分

分　秒

Q 次の言葉を文節＊ごとに分解しましょう。

例 ぼくの父は有名なデパートの社長です。

⇒ぼくの/父は/有名な/デパートの/社長です。

考え方 この場合は，五つの文節に区切ることができます。

(1) 青い屋根の家が見える。

(2) 母の身長はとても高い。

(3) ぼくは明日から京都へ出かける。

(4) 桜がとてもきれいに咲く。

(5) 近所のおじさんはとても親切です。

(6) 夜の学校はとてもこわい。

＊文節とは，文を実際の言葉として意味が分からなくならない程度に短く区切った言葉のことです。

●保護者の方へ：文の構成を考えるには，言葉の意味を理解するとよく分かりますね！

〔　　月　　日〕

7 おたすけ WORD ①

目標時間は3分

分　　秒

Q 次の◻︎◻︎で囲った言葉を詳しく説明している，または，
◻︎◻︎で囲った言葉が詳しく説明している部分に＿＿を引き，
さらに右の◻︎◻︎に書きましょう。

例　赤い　りんご　を　食べる。

赤い

(1)　面白い　話　を　きいた。

(2)　すきな　曲　を　きく。

(3)　土が　ぼろぼろ　おちる。

(4)　二階から　足音が　ドンドン　ひびく。

(5)　わたしは　悲しい　本を　読んだ。

言葉をたすけて
イメージが
ふくらんでくるよ

●保護者の方へ：修飾語と言います。色々な言葉を助けることで言葉のイメージがふくらみます。

〔 　月　　日〕

8 漢字マスター ②

目標時間は3分

分　　秒

Q 次の(1)〜(10)の漢字を練習しましょう。

(1) <ruby>十<rt>じゅう</rt></ruby><ruby>五<rt>ご</rt></ruby><ruby>夜<rt>や</rt></ruby>に月見をする。

(2) ヨットで<ruby>太平洋<rt>たいへいよう</rt></ruby>を一<ruby>周<rt>しゅう</rt></ruby>する。

	平	洋

(3) <ruby>姉<rt>あね</rt></ruby><ruby>上<rt>うえ</rt></ruby>, あちらでも<ruby>元気<rt>げんき</rt></ruby>でいてください。

(4) わたしたちは三人<ruby>姉妹<rt>しまい</rt></ruby>です。

(5) <ruby>教室<rt>きょうしつ</rt></ruby>を出て<ruby>校庭<rt>こうてい</rt></ruby>に<ruby>行<rt>い</rt></ruby>く。

教	

(6) 人気<ruby>作家<rt>さっか</rt></ruby>の本を<ruby>読<rt>よ</rt></ruby>む。

(7) この<ruby>町<rt>まち</rt></ruby>には<ruby>寺社<rt>じしゃ</rt></ruby>が<ruby>多<rt>おお</rt></ruby>い。

(8) <ruby>多少<rt>たしょう</rt></ruby><ruby>間違<rt>まちが</rt></ruby>えていても<ruby>構<rt>かま</rt></ruby>いません。

(9) <ruby>今日<rt>きょう</rt></ruby>は<ruby>運動会<rt>うんどうかい</rt></ruby><ruby>当日<rt>とうじつ</rt></ruby>だ。

(10) 雨が<ruby>降<rt>ふ</rt></ruby>ると<ruby>岩場<rt>いわば</rt></ruby>はすべりやすい。

●保護者の方へ：熟語は漢字だけを覚えるのではなく，文の意味から考えられるようにしておきます！

9 読んで発見！ ③

目標時間は3分

分　　　秒

Q 次の(1)～(10)の漢字の読みを下の表から消していくと，ひらがなが六つ残ります。その六つをならべかえるとある「野菜」を表す言葉になりますが，それは何でしょう。

(1) 紙ねん土で**工作**する。

(2) **市内**には映画館が一つあります。

(3) **外国**へ行っていた父がきょう**帰国**した。

(4) **広場**でおにごっこをする。

(5) レジの**店員**さんに品物をわたす。

(6) おもちゃの**弓矢**で的をねらう。

(7) りんごが木から落ちるのは**引力**のためだ。

(8) 柔道の名人に**弟子**入りする。

(9) 今までいばっていたのに急に**弱気**になる。

(10) **強気**にどんどん攻めていこう。

こ	う	さ	く	し	き
ほ	ひ	ろ	ば	な	こ
う	て	ん	れ	い	く
い	ん	り	ょ	く	ん
で	そ	つ	よ	き	ゆ
し	よ	わ	き	う	み

●保護者の方へ：分からない言葉は辞書を使って調べます。筆順や他の熟語を知ってさらにパワーアップ！

10 熟語リンク ③

目標時間は3分

分　　秒

QA　次のパズルは「熟語リンク」というパズルです。ルールにしたがって，考えましょう。

活					
	強	医	反	年	
		去	対		
	者				
				動	化

QB　Aで作った熟語五つを答えましょう。

※これまでに習った熟語です。忘れてしまった場合は，覚えておきましょう。

ルール

① 熟語になる二つの漢字をたて・横の線で結びます。

② 線はマスの真ん中を通ります。

③ 線どうしが交わってはいけません。

④ 線は漢字の入っているマスは通れません。

⑤ 漢字の入っていないすべてのマスを線は一回だけ通ります。

11 熟語リンク ④

QA　次のパズルは「熟語リンク」というパズルです。ルールにしたがって, 考えましょう。

			方		品
	作				平
				向	
坂	商			売	
	和				
					道

QB　Aで作った熟語五つを答えましょう。

　※これまでに習った熟語です。忘れてしまった場合は, 覚えておきましょう。

ルール

① 熟語になる二つの漢字をたて・横の線で結びます。

② 線はマスの真ん中を通ります。

③ 線どうしが交わってはいけません。

④ 線は漢字の入っているマスは通れません。

⑤ 漢字の入っていないすべてのマスを線は一回だけ通ります。

●保護者の方へ：熟語の知識とパズルの思考力で語彙センスをきたえましょう！

12 漢字マスター ③

Q 次の(1)～(10)の漢字を練習しましょう。

(1) 紙ねん土で□□する。

(2) □□には映画館が一つあります。

(3) 外国へ行っていた父がきょう□□した。

(4) □□でおにごっこをする。

(5) レジの□□さんに品物をわたす。　員

(6) おもちゃの□□で的をねらう。　矢

(7) りんごが木から落ちるのは□□のためだ。

(8) 柔道の名人に□□入りする。

(9) 今までいばっていたのに急に□□になる。

(10) □□にどんどん攻めていこう。

●保護者の方へ：熟語は漢字だけを覚えるのではなく，文の意味から考えられるようにしておきます！

13 読んで発見！④

目標時間は3分

分　　秒

Q 次の(1)～(10)の漢字の読みを下の表から消していくと，ひらがなが三つ残ります。その三つをならべかえるとある「動物」を表す言葉になりますが，それは何でしょう。

(1) **大工**さんがかんなで板をけずっている。

(2) **市場**で大きな魚を買う。

(3) **日帰り**のバスツアーに参加する。

(4) 校外学習のときはみんないっしょに**広**間でご飯を食べる。

(5) ここは毎日，朝早くに**開店**する。

(6) いとこのお兄さんは**弓**道をやっているそうだ。

(7) 感想文を書くとき，心に残ったところを本から**引**用する。

(8) あの二人はまるで親分と**弟分**みたいだ。

(9) **弱虫**な自分をなおしたい。

(10) 力づくで**強引**にふたを開けると中身が飛び出した。

だ	う	ひ	が	え	り
い	て	い	い	ち	ば
く	ん	ん	き	ゅ	う
ひ	よ	わ	む	し	さ
ろ	ご	う	い	ん	ぎ
お	と	う	と	ぶ	ん

●保護者の方へ：分からない言葉は辞書を使って調べます。筆順や他の熟語を知ってさらにパワーアップ！

14 分解パズル ②

目標時間は3分

分　　　秒

Q 次の言葉を文節＊ごとに分解しましょう。

例 ぼ く の 父 は デ パ ー ト の 社 長 で す 。

⇒ぼ く の ／父 は ／デ パ ー ト の ／社 長 で す 。

考え方 この場合は，四つの文節に区切ることができます。

(1) わ た し の 兄 の 手 は と て も 大 き い 。

(2) 弟 も 四 月 か ら 小 学 生 で す 。

(3) と て も き れ い だ ね ， あ の 星 は 。

(4) と て も あ た た か い よ ， 今 日 の 朝 は 。

(5) き れ い な チ ュ ー リ ッ プ が 花 だ ん に 咲 い た 。

> 文の意味がわかる いちばん小さい 言葉は？

(6) 夜 の 廊 下 は と て も 暗 い 。

＊文節とは，文を実際の言葉として意味が分からなくならない程度に短く区切った言葉のことです。

●保護者の方へ：文の構成を考えるには，言葉の意味を理解するとよく分かりますね！

15 おたすけ WORD ②

Q 次の◻︎で囲った言葉を詳しく説明している，または，◻︎で囲った言葉が詳しく説明している部分に＿＿を引き，さらに右の◻︎に書きましょう。

例 <u>赤い</u> ◻︎りんご◻︎ を 食べる。

赤い

(1) すずしい ◻︎日かげ◻︎ を さがそう。

(2) 大きい ◻︎運動場◻︎ で 野球を する。

(3) この ペンは ◻︎すらすら◻︎ 書ける。

(4) たいこの 音が ◻︎ドンドン◻︎ 聞こえる。

(5) にがい ◻︎薬◻︎ を 飲む。

●保護者の方へ：修飾語と言います。色々な言葉を助けることで言葉のイメージがふくらみます。

16 漢字マスター ④

目標時間は3分

分　　秒

Q 次の(1)～(10)の漢字を練習しましょう。

(1) □□さんがかんなで板をけずっている。

(2) □□で大きな魚を買う。

(3) □□りのバスツアーに参加する。

(4) 校外学習のときはみんないっしょに□□
でご飯を食べる。 〔□｜間〕

(5) ここは毎日，朝早くに□□する。 〔開｜□〕

(6) いとこのお兄さんは□□をやっているそ
うだ。 〔弓｜□〕

(7) 感想文を書くとき，心に残ったところを
本から□□する。 〔□｜用〕

(8) あの二人はまるで親分と□□みたいだ。

(9) □□な自分をなおしたい。

(10) 力づくで□□にふたを開けると中身が飛
び出した。

●保護者の方へ：熟語は漢字だけを覚えるのではなく，文の意味から考えられるようにしておきます！

17 読んで発見！⑤

目標時間は3分

分　　秒

Q 次の(1)〜(10)の漢字の読みを下の表から消していくと，ひらがなが三つ残ります。その三つをならべかえるとある「動物」を表す言葉になりますが，それは何でしょう。

(1) これはおばあちゃんの**形見**の指輪です。

(2) 薬を食**後**に飲む。

(3) 今年の新**茶**はおいしい。

(4) 夜中に大声を出すと**近**所迷惑です。

(5) 兄は自転車で**通学**している。

(6) はしかにかかって学校を一**週間**休む。

(7) ここを通ると**近道**だ。

(8) ゲームをやりながらでは宿題は**永遠**に終わらない。

(9) 明日，雨がふらないか**心**配だ。

(10) 夏休みの**思い出**を日記に書く。

か	ご	お	き	ち	か	み	ち
た	ち	も	り	つ	う	が	く
み	ゃ	い	え	ん	ん	し	ん
き	ん	で	し	ゅ	う	か	ん

〔　　月　　日〕

18 ブロック分け ①

目標時間は3分

分　　秒

Q A　次のひらがなをブロックに分けていくと，いくつかの野菜の名前に分けることができます。

それぞれのブロックに分けましょう。

ご	は	く	さ	い	か
ぼ	れ	ん	こ	ん	ぶ
う	じ	ゃ	が	い	も
ほ	う	れ	ん	そ	う

Q B　A には何種類の野菜がありましたか。漢数字で答えましょう。

種類

やさいの名まえを
たくさんおぼえ，
たくさん食べよう。

●保護者の方へ：熟語の知識とパズルの思考力で語彙センスをきたえましょう！

19 しりとりめいろ ①

目標時間は3分

分　　秒

QA　ルールにしたがって，スタートからゴールまで「いきもの」でしりとりをしながらめいろを完成させましょう。

スタート

ゴール

QB　Aには何種類の「いきもの」がいましたか。漢数字で答えましょう。

分からない場合は，書き出してみましょう。

種類

ルール
① たて・横にしかすすめません。ななめにはすすめません。
② 一度通った文字は二回使えません。

●保護者の方へ：熟語の知識とパズルの思考力で語彙センスをきたえましょう！

20 漢字マスター ⑤

Q 次の(1)～(10)の漢字を練習しましょう。

(1) これはおばあちゃんの□□の指輪です。

(2) 薬を□□に飲む。

(3) 今年の□□はおいしい。

(4) 夜中に大声を出すと□□迷惑です。　　　　所

(5) 兄は自転車で□□している。

(6) はしかにかかって学校を一□□休む。

(7) ここを通ると□□だ。

(8) ゲームをやりながらでは宿題は□□に
終わらない。　　永

(9) 明日，雨がふらないか□□だ。　　　配

(10) 夏休みの□□□を日記に書く。　　　い

●保護者の方へ：熟語は漢字だけを覚えるのではなく，文の意味から考えられるようにしておきます！

21 読んで発見！⑥

Q 次の(1)〜(10)の漢字の読みを下の表から消していくと，ひらがなが四つ残ります。その四つをならべかえるとある「野菜」を表す言葉になりますが，それは何でしょう。

(1) <u>円形</u>のピザを半分に切る。

(2) <u>後方</u>からようすをうかがう。

(3) チョコレートは<u>茶色</u>だ。

(4) ゴールデンウィークが間<u>近</u>にせまっている。

(5) <u>交通</u>ルールをしっかり<u>守</u>る。

(6) 来<u>週</u>から新学期が始まる。

(7) 歩行者は歩<u>道</u>を歩きましょう。

(8) バケツを振り回しても水がこぼれないのは<u>遠心力</u>のためだ。

(9) 失くした傘が見つかって安<u>心</u>する。

(10) パズル教室で<u>思</u>考力をきたえる。

え	ん	け	い	だ	ち	ゃ
ぢ	こ	う	ほ	う	い	ど
か	こ	う	つ	う	こ	う
え	ん	し	ん	り	ょ	く
し	ゅ	う	し	ん	ん	し

●保護者の方へ：分からない言葉は辞書を使って調べます。筆順や他の熟語を知ってさらにパワーアップ！

〔　　月　　日〕

22 行動かんさつ ①

目標時間は3分

分　　秒

Q 次の言葉の中で，動きを表す言葉（「動詞」ともいいます）を
○で囲んで正しい文にしましょう。

(1) 畑に野菜の種を
　{ まう
　 まく
　 きる }。

(2) やかんでお湯を
　{ こわす
　 わかす
　 とかす }。

(3) パンをつくるのに，小麦粉を
　{ うえる
　 こがす
　 こねる }。

(4) 春になり，雪が
　{ あける
　 かえる
　 とける }。

(5) 目薬を
　{ かく
　 さす
　 つく }。

正しい言葉を
使って
いますか

(6) ねずみがチーズを
　{ かりる
　 かじる
　 ひく }。

〔　　月　　日〕

23 主役はこれだ！ ①

目標時間は3分

分　　秒

Q 「だれが」「何が」にあたる部分（「主語」という）を □ に書きましょう。
　　分からない場合は下のヒントを見て考えましょう。

(1) 母が　台所で　夕食を　作る。

(2) ぼくは　あたたかい　のみものを
　　のんだ。

(3) 妹は　かわいい　ぬいぐるみを
　　もらった。

(4) 姉が　ワンピースを　きる。

(5) さわやかな　風が　ふく。

？ヒント

(1) だれが作ったか？　　(2) だれがのんだか？

(3) だれがもらったのか？　(4) だれがきたのか？

(5) 何がふくのか？

●保護者の方へ：文には主役がいます。この文の主役はだれかな？主役が出てこないときもあります。注意！

24 漢字マスター ⑥

Q 次の⑴〜⑽の漢字を練習しましょう。

(1) <ruby>円形<rt>えんけい</rt></ruby>のピザを<ruby>半分<rt>はんぶん</rt></ruby>に<ruby>切<rt>き</rt></ruby>る。

(2) <ruby>後方<rt>こうほう</rt></ruby>からようすをうかがう。

(3) チョコレートは<ruby>茶色<rt>ちゃいろ</rt></ruby>だ。

(4) ゴールデンウィークが<ruby>間近<rt>まぢか</rt></ruby>にせまっている。

(5) <ruby>交通<rt>こうつう</rt></ruby>ルールをしっかり<ruby>守<rt>まも</rt></ruby>る。

(6) <ruby>来週<rt>らいしゅう</rt></ruby>から<ruby>新学期<rt>しんがっき</rt></ruby>が<ruby>始<rt>はじ</rt></ruby>まる。

(7) <ruby>歩行者<rt>ほこうしゃ</rt></ruby>は<ruby>歩道<rt>ほどう</rt></ruby>を<ruby>歩<rt>ある</rt></ruby>きましょう。

(8) バケツを<ruby>振<rt>ふ</rt></ruby>り<ruby>回<rt>まわ</rt></ruby>しても<ruby>水<rt>みず</rt></ruby>がこぼれないのは<ruby>遠心力<rt>えんしんりょく</rt></ruby>のためだ。

(9) <ruby>失<rt>な</rt></ruby>くした<ruby>傘<rt>かさ</rt></ruby>が<ruby>見<rt>み</rt></ruby>つかって<ruby>安心<rt>あんしん</rt></ruby>する。　安

(10) パズル<ruby>教室<rt>きょうしつ</rt></ruby>で<ruby>思考力<rt>しこうりょく</rt></ruby>をきたえる。

●保護者の方へ：熟語は漢字だけを覚えるのではなく，文の意味から考えられるようにしておきます！

〔　　月　　日〕

25 読んで発見！⑦

目標時間は3分

分　　秒

Q 次の(1)～(10)の漢字の読みを下の表から消していくと，ひらがなが二つ残ります。その二つをならべかえるとある「動物」を表す言葉になりますが，それは何でしょう。

(1) 家を出るときは**戸**じまりを**確**かめる。

(2) **天才**といわれる人たちもかげでは**努力**をしている。

(3) 今日は早起きして**教室**に一番乗りした。

(4) 四けたの**数字**を入力してロックを解除する。

(5) 十年近く乗っていた車から**新車**へ変えた。

(6) 半紙のような形を**長方形**という。

(7) 夜，西の空に見える金星を「よいの**明星**」という。

(8) 今日は**春一番**がふいたので風が強かった。

(9) 冬は空気がすんでいて**星空**がきれいだ。

(10) つかれていたので**真昼**まで寝てしまった。

と	す	う	じ	ま	ひ	る	て	き
ほ	ろ	し	ん	し	ゃ	ば	ん	ょ
し	は	る	い	ち	ば	ん	さ	う
ぞ	み	ょ	う	じ	ょ	う	い	し
ら	ち	ょ	う	ほ	う	け	い	つ

●保護者の方へ：分からない言葉は辞書を使って調べます。筆順や他の熟語を知ってさらにパワーアップ！

〔　　月　　日〕

26 ブロック分け ②

目標時間は3分

分　　秒

QA 次のカタカナをブロックに分けていくと、いくつかの国の名前に分けることができます。

それぞれのブロックに分けましょう。

ド	ア	メ	リ	カ	ロ
イ	イ	ギ	リ	ス	シ
ツ	フ	ラ	ン	ス	ア
イ	タ	リ	ア	タ	イ

QB Aには何か国の国がありましたか。漢数字で答えましょう。

か国

世界地図を広げよう。
国の名まえを
たくさんおぼえましょう

●保護者の方へ：熟語の知識とパズルの思考力で語彙センスをきたえましょう！

〔　　月　　日〕

27 しりとりめいろ ②

目標時間は3分

分　　秒

Q A　ルールにしたがって，スタートからゴールまで「食^たべもの」
でしりとりをしながらめいろを完成^{かんせい}させましょう。

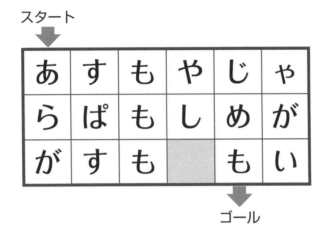

スタート

あ	す	も	や	じ	ゃ
ら	ぱ	も	し	め	が
が	す	も		も	い

ゴール

Q B　A には何種類^{なんしゅるい}の「食^たべもの」がありましたか。漢数字^{かんすうじ}で
答^{こた}えましょう。
　　　分^わからない場合^{ばあい}は，書^かき出してみましょう。

種類^{しゅるい}

ルール

① たて・横^{よこ}にしかすすめません。ななめにはすすめません。
② 一度通^{いちどとお}った文字^{もじ}は二回^{かいつか}使えません。

●保護者の方へ：熟語の知識とパズルの思考力で語彙センスをきたえましょう！

28 漢字マスター ⑦

目標時間は3分

分　　　秒

Q 次の(1)〜(10)の漢字を練習しましょう。

(1) 家を出るときは□じまりを確かめる。

(2) □□といわれる人たちもかげでは努力を
している。

(3) 今日は早起きして□□にイチバン乗り
した。

(4) 四けたの□□を入力してロックを解除する。

(5) 十年近く乗っていた車から□□へ変えた。

(6) 半紙のような形を□□□という。

(7) 夜, 西の空に見える金星を「よいの□ □」
という。

(8) 今日は□□□がふいたので風が
強かった。

(9) 冬は空気がすんでいて□□がきれいだ。

(10) つかれていたので□□まで寝てしまった。 | 真 |

29 読んで発見！⑧

目標時間は3分

分　　秒

Q 次の(1)～(10)の漢字の読みを下の表から消していくと，ひらがなが三つ残ります。その三つをならべかえるとある「食べもの」を表す言葉になりますが，それは何でしょう。

(1) 台所の**戸口**を開けておく。

(2) 君は工作の**才能**があるね。

(3) 近所にキリスト**教**の教会がある。

(4) 君はいつも**口数**が多いよ。

(5) **新年**に初詣に行く。

(6) サイコロのような形を**立方体**という。

(7) **夜明け**に山から見る日の出はとてもきれいだ。

(8) お父さんの**青春**時代の話を聞く。

(9) プラネタリウムでいろいろな**星**座を見る。

(10) 今日の**昼食**はオムライスだった。

と	き	す	さ	い	の	う	よ
ぐ	ょ	い	く	ち	か	ず	あ
ち	う	し	ん	ね	ん	か	け
ち	ゅ	う	せ	い	し	ゅ	ん
せ	い	り	っ	ぽ	う	た	い

30 行動かんさつ ②

Q 次の言葉の中で，動きを表す言葉（「動詞」ともいいます）を
○で囲んで正しい文にしましょう。

(1) つゆの季節は雨の日が
$\left\{\begin{array}{l}\text{おちる}\\\text{つづく}\\\text{はく}\end{array}\right\}$。

(2) 卵焼きを
$\left\{\begin{array}{l}\text{のむ}\\\text{やく}\\\text{にる}\end{array}\right\}$。

(3) 川をいかだで
$\left\{\begin{array}{l}\text{こわす}\\\text{とばす}\\\text{わたる}\end{array}\right\}$。

(4) 髪を自分で
$\left\{\begin{array}{l}\text{とる}\\\text{ほす}\\\text{きる}\end{array}\right\}$。

(5) 寝る前に，必ず歯を
$\left\{\begin{array}{l}\text{つかむ}\\\text{みがく}\\\text{ぬく}\end{array}\right\}$。

正しい言葉を
使って
いますか

(6) 休日はゆっくり
$\left\{\begin{array}{l}\text{とぶ}\\\text{すごす}\\\text{わたる}\end{array}\right\}$。

●保護者の方へ：正しい言葉の使い方をマスターしましょう！

31 主役はこれだ！②

目標時間は3分

分　　秒

Q 「だれが」「何が」にあたる部分（「主語」という）を□□□に書きましょう。
　　分からない場合は下のヒントを見て考えましょう。

(1)　大きな　いぬが　こっちを　見た。

(2)　ぼくは　頂上まで　一時間　歩いた。

(3)　いもうとは　友だちに　本を　プレゼントした。

(4)　黄色い　花が　道に　さく。

(5)　父が　花束を　買う。

?ヒント

(1)　何が見たのか？　　　　(2)　だれが歩いたのか？

(3)　だれがプレゼントしたのか？　　(4)　何がさいたのか？

(5)　だれが買ったのか？

●保護者の方へ：文には主役がいます。この文の主役はだれかな？主役が出てこないときもあります。注意！

32 漢字マスター ⑧

目標時間は3分

分　　　秒

Q 次の(1)～(10)の漢字を練習しましょう。

(1) 台所の□□を開けておく。

(2) 君は工作の□□があるね。　｜　｜能｜

(3) 近所にキリスト□のキョウカイがある。　｜　｜

(4) 君はいつも□□が多いよ。

(5) □□に初詣に行く。

(6) サイコロのような形を□□□という。

(7) □□□に山から見る日の出はとてもきれいだ。　｜　｜け｜

(8) お父さんの□□時代の話を聞く。

(9) プラネタリウムでいろいろな□□を見る。　｜　｜座｜

(10) 今日の□□はオムライスだった。

●保護者の方へ：熟語は漢字だけを覚えるのではなく，文の意味から考えられるようにしておきます！

33 読んで発見！ ⑨

目標時間は3分

分 秒

Q 次の(1)～(9)の漢字の読みを下の表から消していくと，ひらがなが二つ残ります。その二つをならべかえるとある言葉になりますが，それは何でしょう。

例 言葉は**丁**寧に使いましょう。

　　　　⇒「てい」と読むので，下の表の「てい」を斜線で消します。

(1) あの人は**世間**知らずな人だ。

(2) 父と母を**両親**という。

(3) 劇の**主**役に選ばれた。

(4) バスの**乗**客が多い。

(5) 算数の**予**習をする。

(6) 節分の**行事**がある。

(7) 商品の**仕入れ**をする。

(8) わたしは**他人**の力を借りずにやりとげたい。

(9) 豊かすぎる**現代**社会を見直そう。

よ	く	て	い	だ	い
た	に	ん	せ	け	ん
し	し	い	れ	り	じ
ゅ	ぎ	ょ	う	じ	ょ
り	ょ	う	し	ん	う

●保護者の方へ：分からない言葉は辞書を使って調べます。筆順や他の熟語を知ってさらにパワーアップ！

34 ものしり博士 ①

〔　月　日〕

目標時間は3分

分　秒

Q 知っている「花」を十種類挙げましょう。

＊木の花でもよい。春夏秋冬いつでもよい。できるだけたくさんの花の名まえをあげましょう。

●保護者の方へ：知っている知識をためします。たくさんあるから調べて知識を増やしましょう！

35 ものしり博士 ②

目標時間は3分

分　　秒

Q 知っている「動物」を十種類挙げましょう。

＊身近にいる魚やこん虫（虫）なども
動物です。たくさんあげましょう。

動物博士に
なろう

●保護者の方へ：知っている知識をためします。たくさんあるから調べて知識を増やしましょう！

〔　　月　　日〕

36 漢字マスター ⑨

目標時間は3分

分　　秒

Q 次の(1)〜(10)の漢字を練習しましょう。

(1) 言葉は□□に使いましょう。

	寧

(2) あの人は□□知らずな人だ。

(3) 父と母を□□という。

(4) 劇の□□に選ばれた。

(5) バスの□□が多い。

(6) 算数の□□をする。

(7) 節分の□□がある。

(8) 商品の□□□をする。

		れ

(9) わたしは□□の力を借りずにやりとげ
たい。

(10) 豊かすぎる□□社会を見直そう。

現	

37 読んで発見！⑩

目標時間は3分

分　　秒

Q 次の(1)～(10)の漢字の読みを下の表から消していくと，ひらがなが三つ残ります。その三つをならべかえてカタカナに直すと，ある国の名前になりますが，それはどこでしょう。

(1) 豆腐を**半丁**ください。

(2) 2020年は，21**世**紀です。

(3) あの列車は**十両**編成です。

(4) 童話の**主人公**を書く。

(5) 家にある**乗用車**は七人のれる。

(6) ホテルはすでに**予**約しておいた。

(7) 最近はぶっそうな**事件**が多い。

(8) 実験の**仕方**を正しく覚えておく。

(9) 世界中が**他国**をおもいやる。

(10) 選挙で**代**表に選ばれる。

せ	い	じ	ゅ	う	り	ょ	う
よ	は	ん	ち	ょ	う	だ	い
い	た	こ	く	し	か	た	ん
し	ゅ	じ	ん	こ	う	ど	
じ	ょ	う	よ	う	し	ゃ	じ

●保護者の方へ：分からない言葉は辞書を使って調べます。筆順や他の熟語を知ってさらにパワーアップ！

〔 　月 　日〕

38 分解パズル ③

目標時間は3分

分　　秒

Q 次の言葉を文節*ごとに分解しましょう。

例 ぼくの父は有名なデパートの社長です。

⇒ぼくの/父は/有名な/デパートの/社長です。

考え方 この場合は，五つの文節に区切ることができます。

(1) 庭にきれいな花がたくさんさいた。

(2) ぼくの弟は小学生です。

(3) わたしは今日の国語で百点をとった。

(4) 夜の病院は暗くてとてもこわい。

(5) あの山の頂上にうっすらと雪が見える。

*文節とは，文を実際の言葉として意味が分からなくならない程度に短く区切った言葉のことです。

●保護者の方へ：文の構成を考えるには，言葉の意味を理解するとよく分かりますね！

39 おたすけ WORD ③

Q 次の各文の〜〜〜部が直接かかる部分を記号で答えましょう。

(1) 赤い ァコートが ィよく ゥ似合うね。

(2) 大きな ァ門の ィ前で，ゥタクシーを ェおりた。

(3) おそらく ァこの ィ道を ゥ行けば ェ到着するだろう。

(4) 食べながら ァ勉強するなんて ィ君は ゥすごいね。

(5) きらきらと ァ夜空の ィ星が ゥ光っている。

(6) 今日は，ァわたしの ィ九才の ゥ誕生日です。

●保護者の方へ：修飾語と言います。色々な言葉を助けることで言葉のイメージがふくらみます。

〔　　月　　日〕

40 漢字マスター ⑩

目標時間は3分

分　　秒

Q 次の(1)～(10)の漢字を練習しましょう。

(1) 豆腐を□□ください。

(2) 2020年は, 21□□です。　　紀

(3) あの列車は□□編成です。

(4) 童話の□□□を書く。

(5) 家にある□□□は七人のれる。

(6) ホテルはすでに□□しておいた。　　約

(7) 最近はぶっそうな□□が多い。　　件

(8) 実験の□□を正しく覚えておく。

(9) 世界中が□□をおもいやる。

(10) 選挙で□□に選ばれる。

●保護者の方へ：熟語は漢字だけを覚えるのではなく，文の意味から考えられるようにしておきます！

41 読んで発見！ ⑪

Q 次の(1)～(10)の漢字の読みを下の表から消していくと，ひらがなが五つ残ります。その五つをならべかえるとある「いきもの」を表す言葉になりますが，それは何でしょう。

(1) **全員**出席です。

(2) 明日，**住**民投票が行われる。

(3) テスト中は携帯電話を**使用**してはいけない。

(4) わたしと父は仲の良い親子関**係**だ。

(5) 10は5の**倍数**です。

(6) **雨具**を用意する。

(7) 夕焼けの**写真**をとる。

(8) 夜行**列車**で旅をする。

(9) 博士が**助手**と実験をする。

(10) 一生懸命**勉学**にはげむ。

ぜ	ん	い	ん	べ	ん	が	く	し	れ
じ	あ	ば	い	す	う	ぶ	あ	ゃ	っ
ゅ	け	ら	し	よ	う	ぜ	ま	し	し
う	い	み	じ	ょ	し	ゅ	ぐ	ん	ゃ

●保護者の方へ：分からない言葉は辞書を使って調べます。筆順や他の熟語を知ってさらにパワーアップ！

〔　月　日〕

42 ものしり博士 ③

目標時間は3分

分　　秒

Q 知っている「虫」を十種類挙げましょう。

図鑑などで「虫」を調べてみましょう！

＊「虫」は理科では昆虫類をさしますが, クモ, ムカデ, ザリガニ, ミミズ, ダンゴムシも「虫」としてたくさん思い出しましょう。

●保護者の方へ：知っている知識をためします。たくさんあるから調べて知識を増やしましょう！

43 ものしり博士 ④

目標時間は3分

分　　秒

Q 知っている「鳥」を十種類挙げましょう。

＊「鳥」は鳥類をさします。昆虫のチョウなどはだめです。また，飛ばない鳥のペンギンやダチョウなども思い出しましょう。

44 漢字マスター ⑪

目標時間は3分

分　　　秒

Q 次の(1)～(10)の漢字を練習しましょう。

(1) ぜんいんしゅっせき
□□出席です。

(2) 明日，じゅうみんとうひょう
□□投票が行われる。　　民

(3) テスト中は携帯電話をけいたいでんわ □□しようしてはいけない。

(4) わたしと父は仲の良い親子なかよ□□かんけいだ。　　関

(5) 10は5のばいすう□□です。

(6) あまぐ□□をようい用意する。

(7) 夕焼けのゆうや□□しゃしんをとる。

(8) 夜行れっしゃ□□でたび旅をする。

(9) 博士がはかせ□□じょしゅとじっけん実験をする。

(10) 一生懸命いっしょうけんめい□□べんがくにはげむ。

●保護者の方へ：熟語は漢字だけを覚えるのではなく，文の意味から考えられるようにしておきます！

45 読んで発見！⑫

Q 次の(1)〜(10)の漢字の読みを下の表から消していくと，ひらがなが四つ残ります。その四つをならべかえてカタカナに直すとある国の名前になりますが，それはどこでしょう。

(1) **全力**で走る。

(2) 衣**食住**に困らないということは幸せだ。

(3) 自分の**使命**を全うする。

(4) **図書係**になる。

(5) 十年で給料が**倍**増した。

(6) 四月に文房**具**をそろえる。

(7) 全校生徒が整**列**する。

(8) **書写**の授業で丁寧に字を書く。

(9) おぼれている人を救**助**する。

(10) 日ごろからコツコツ**勉強**する。

ぜ	し	ょ	く	じ	ゅ	う	べ
ん	ふ	し	め	い	ら	じ	ん
り	ん	し	ょ	し	ゃ	ょ	き
ょ	れ	つ	す	ば	い	ぐ	ょ
く	と	し	ょ	が	か	り	う

46 しゅじゅつの成功法 ①

Q 次の文の主語と述語をえらび，記号で答えましょう。

	主語	述語

(1) ァ雨が　ィ勢いよく　ゥふる。

主語	述語

(2) ァ父の　ィ手は　ゥとても　ェ大きい。

主語	述語

(3) ァ雪が　ィたくさん　ゥ積もった。

主語	述語

(4) ァ学校でも　ィ弟は　ゥとても　ェ静かだ。

主語	述語

(5) ァ彼女の　ィ家は　ゥ学校に　ェ近い。

主語	述語

(6) ァ君こそ　ィこの　ゥ仕事を　ェするべきだ。

主語	述語

(7) ァ妹も　ィ同じ　ゥ塾に　ェ行きます。

主語	述語

●保護者の方へ：主語（主役）と述語（主役の動作，作用，性質など）の関係をしっかり理解させましょう！

47 おたすけ WORD ④

Q 次の各文の＿＿＿部が直接かかる部分を記号で答えましょう。

(1) まっ白な　ァ雪が　ィ庭　ゥ一面に　ェ積もった。

(2) きれいな　ァ模様の　ィ折り紙を　ゥもらった。

(3) まさか　ァ明日も　ィ習い事に　ゥ行きたいなんて

ェ言わないよね。

(4) 笑いながら　ァしゃべっても　ィ何を　ゥ言って　ェいるのか

ォわからないね。

(5) パクパクと　ァ食べる　ィすがたが　ゥかわいらしい。

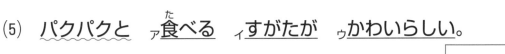

(6) 遠くで　ァ電車の　ィ走る　ゥ音が　ェ聞こえる。

●保護者の方へ：修飾語と言います。色々な言葉を助けることで言葉のイメージがふくらみます。

48 漢字マスター ⑫

Q 次の(1)～(10)の漢字を練習しましょう。

(1) ぜんりょく
□□ で走る。

(2) いしょくじゅう
□□□ に困らないということ
は幸せだ。

衣｜　｜

(3) 自分の□□を全うする。
しめい　まっと

(4) としょがかり
□□□ になる。

(5) 十年で給料が□□した。
きゅうりょう　ばいぞう

｜　｜増

(6) 四月に□□□をそろえる。
ぶんぼうぐ

｜　｜房｜　｜

(7) 全校生徒が□□する。
せいと　せいれつ

(8) □□の授業で丁寧に字を書く。
しょしゃ　じゅぎょう　ていねい

(9) おぼれている人を□□する。
きゅうじょ

救｜　｜

(10) 日ごろからコツコツ□□する。
べんきょう

●保護者の方へ：熟語は漢字だけを覚えるのではなく，文の意味から考えられるようにしておきます！

49 読んで発見！ ⑬

Q 次の(1)～(10)の漢字の読みを下の表から消していくと，ひらがなが四つ残ります。その四つをならべかえるとある「いきもの」を表す言葉になりますが，それは何でしょう。

(1) 劇団員として**活動**する。

(2) この**勝**負には負けられない。

(3) ノーベル**化学**賞を受賞した。

(4) 東京都の 23 **区内**に住んでいる。

(5) 昨今の**医学**の進歩は目覚ましい。

(6) **去年**から塾に通い始めた。

(7) **反対**する人がとても多い。

(8) 雨が少ないため**取水**制限となった。

(9) しっかり**受**験勉強をして希望の学校に入る。

(10) 先生の**号**令で前へ進む。

く	し	ゅ	す	い	し	ょ	う	あ
な	お	か	つ	ど	う	む	じ	ゅ
い	か	が	く	き	ょ	ね	ん	ご
い	が	く	し	は	ん	た	い	う

●保護者の方へ：分からない言葉は辞書を使って調べます。筆順や他の熟語を知ってさらにパワーアップ！

50 境界線パズル ①

Q A　下の表から「花」と「動物」に分けられる境界線（さかいめ
のことです）を引きましょう。

あ	じ	さ	い	し	ま	う	ま
ぼ	た	ん	ら	い	お	ん	あ
つ	ば	き	つ	つ	じ	あ	ら
な	の	は	な	さ	い	ざ	い
う	め	も	も	く	た	ら	ぐ
ひ	ま	わ	り	ら	ち	し	ま

Q B　上の表の「花」と「動物」はどちらが何種類多かったでしょ
うか。どちらかに○をつけ，漢数字で答えましょう。

花
動物

が

種類多い

ことばがよこならびと
たてならびがあるよ。
注意しよう。

〔　　月　　日〕

51 ラッキーセブン ①

目標時間は3分

分　　　秒

Q A 「春の七草」を知っていますか？下の表を○で囲みましょう。分からない場合は調べても構いません。その場合は覚えておきましょう。

```
ほ と け の ざ
せ り す ず な
な ご ぎ ょ う
ず は こ べ ら
な す ず し ろ
```

Q B ペンペン草と呼ばれるのはどれでしょう。

Q C 大根はどれでしょう。

分からない場合は調べても構いません。

●保護者の方へ：知っている知識をためします。たくさんあるから調べて知識を増やしましょう！

52 漢字マスター ⑬

目標時間は3分

分　　　秒

Q 次の(1)～(10)の漢字を練習しましょう。

(1) 劇団員として□□する。

(2) この□□には負けられない。

(3) ノーベル□□賞を受賞した。

(4) 東京都の23□□に住んでいる。

(5) 昨今の□□の進歩は目覚ましい。

(6) □□から塾に通い始めた。

(7) □□する人がとても多い。

(8) 雨が少ないため□□制限となった。

(9) しっかり□□勉強をして希望の学校に入る。

験

(10) 先生の□□で前へ進む。

令

53 読んで発見！⑭

Q 次の(1)～(10)の漢字の読みを下の表から消していくと，ひらがなが三つ残ります。その三つをならべかえてカタカナに直すとある国の名前になりますが，それはどこでしょう。

(1)　失礼な**言動**をつつしみなさい。

(2)　オリンピックで**勝**利をおさめ金メダルを獲得した。

(3)　**強化**合宿で体をきたえる。

(4)　リサイクルするために**区**別して集める。

(5)　将来，**医者**になって多くの人を助けたい。

(6)　汚れを除**去**してきれいにする。

(7)　ルールをやぶることを反**則**という。

(8)　テレビの**取**材をうけて質問に答える。

(9)　電波を**受**信する。

(10)　秘密の**暗号**を入れると扉が開いた。

げ	ん	ど	う	き	ょ
は	し	き	ょう	う	か
ん	ょ	ど	い	し	ゃ
じ	う	く	い	し	ゅ
ゅ	あ	ん	ご	う	つ

●保護者の方へ：分からない言葉は辞書を使って調べます。筆順や他の熟語を知ってさらにパワーアップ！

54 分解パズル ④

Q 次の言葉を文節*ごとに分解しましょう。

例 ぼくの父はデパートの社長です。

⇒ぼくの／父は／デパートの／社長です。

考え方 この場合は，四つの文節に区切ることができます。

(1) わたしの父は大きい工場の社長です。

(2) 君がいつも持っているかばんはとても重い。

(3) 隣の家の庭の花がきれいにさいた。

(4) ぼくの弟は四月から小学生だ。

(5) 大きくてきれいなひまわりが校庭にさいた。

(6) 妹がとつぜん大声で泣き出した。

* 文節とは，文を実際の言葉として意味が分からなくならない程度に短く区切った言葉のことです。

55　おたすけ WORD（わーど）⑤

目標時間は3分

分　　秒

Q 次の各文の〜〜〜部が直接かかる部分を記号で答えましょう。

(1) ァお店には　大きな　ィお皿が　ゥたくさん　ェならべられて　ォいた。

(2) かわいい　ァ子犬を　ィ家に　ゥつれて　ェ来た。

(3) たとえ　ァどんなに　ィかなしくても　ゥやめない。

(4) ァまいごの　ィこどもが　泣きながら　ゥさがしている。

(5) ァ昨日から　しとしとと　ィ雨が　ゥふっている。

(6) 昨晩から　ァ頭が　ィズキズキと　ゥ痛む。

●保護者の方へ：修飾語と言います。色々な言葉を助けることで言葉のイメージがふくらみます。

〔　　月　　日〕

56 漢字マスター ⑭

目標時間は3分

分　　　秒

Q 次の(1)〜(10)の漢字を練習しましょう。

(1) 失礼（しつれい）な□□（げんどう）をつつしみなさい。

(2) オリンピックで□□（しょうり）をおさめ金メダルを獲得（かくとく）した。　利

(3) □□（きょうか）合宿（がっしゅく）で体をきたえる。

(4) リサイクルするために□□（くべつ）して集（あつ）める。　別

(5) 将来（しょうらい），□□（いしゃ）になって多くの人を助（たす）けたい。

(6) 汚（よご）れを□□（じょきょ）してきれいにする。　除

(7) ルールをやぶることを□□（はんそく）という。　則

(8) テレビの□□（しゅざい）をうけて質問（しつもん）に答える。　材

(9) 電波（でんぱ）を□□（じゅしん）する。　信

(10) 秘密（ひみつ）の□□（あんごう）を入れると扉（とびら）が開（あ）いた。

●保護者の方へ：熟語は漢字だけを覚えるのではなく，文の意味から考えられるようにしておきます！

〔　月　日〕

57 読んで発見！⑮

目標時間は3分

分　秒

Q 次の(1)〜(10)の漢字の読みを下の表から消していくと，ひらがなが四つ残ります。その四つをならべかえるとある「いきもの」を表す言葉になりますが，それは何でしょう。

(1) **向上心**を持って勉強する。

(2) **君**は今頃何をしているのだろう。

(3) 夕食のおかずを**味見**した。

(4) わたしにご**用命**ください。

(5) 日本は世界でもまれにみる**平和**な国だ。

(6) 一週間分の食料**品**を買っておく。

(7) ポイントカードの**会員**になる。

(8) **商店**街をゆっくり見て歩く。

(9) この**問**題はとても難しい。

(10) **坂道**をのぼったところがゴールらしい。

こ	う	じ	ょ	う	し	ん	し
あ	き	み	よ	う	め	い	ょ
あ	じ	み	ざ	へ	い	わ	う
か	い	い	ん	ら	ひ	ん	て
も	ん	さ	か	み	ち	し	ん

58 境界線パズル ②

QA 下の表から「虫」と「鳥」に分けられる境界線（さかいめのことです）を引きましょう。

は	ち	と	ん	ぼ	あ	ひ	る
す	ず	む	し	う	ぐ	い	す
み	の	む	し	か	も	か	か
ち	ょ	う	ば	っ	た	ら	も
せ	あ	い	も	む	し	す	め
み	り	ひ	ば	り	と	ん	び

QB 上の表の「虫」と「鳥」はどちらが何種類多かったでしょうか。どちらかに○をつけ，漢数字で答えましょう。

虫 鳥	が		種類多い

ことばがよこならびとたてならびがあるよ。注意しよう！

●保護者の方へ：知っている知識をためします。たくさんあるから調べて知識を増やしましょう！

59 ラッキーセブン ②

目標時間は3分

分　　秒

Q 「秋の七草」を知っていますか？下の表を○で囲みましょう。分からない場合は調べても構いません。その場合は覚えておきましょう。

お	み	な	え	し
は	な	で	し	こ
ぎ	き	き	ょ	う
く	ず	す	す	き
ふ	じ	ば	か	ま

＊最近は，野外でもなかなか見かけるのが少なくなりました。図鑑などで調べて，確認しておきましょう。

60 漢字マスター ⑮

目標時間は3分

分　　秒

Q 次の(1)〜(10)の漢字を練習しましょう。

(1) こうじょうしんを持って勉強する。

(2) きみは今頃何をしているのだろう。

(3) 夕食のおかずをあじみした。

(4) わたしにごようめいください。

(5) 日本は世界でもまれにみるへいわな国だ。

(6) 一週間分のしょくりょうひんを買っておく。　料

(7) ポイントカードのかいいんになる。

(8) しょうてん街をゆっくり見て歩く。

(9) このもんだいはとても難しい。

(10) さかみちをのぼったところがゴールらしい。

61 読んで発見！ ⑯

Q 次の(1)～(10)の漢字の読みを下の表から消していくと，ひらがなが四つ残ります。その四つをならべかえてカタカナに直すとある国の名前になりますが，それはどこでしょう。

(1) 彼が指を指した**方向**に何かがある。

(2) **君主**に従わないと大変なことになる。

(3) ここにいるみんなが**味方**だ。

(4) 祖父の**命日**にお参りをする。

(5) あの人はとても温**和**な性格だ。

(6) 残りの**作品**はとなりの部屋で展示中です。

(7) 国会議**員**に選ばれるのは簡単なことではない。

(8) **商売**で成功した人の話を聞く。

(9) 質**問**は一切受け付けません。

(10) この**上り坂**はとても急だ。

ほ	う	こ	う	ぶ	い	ん	
く	ん	し	ゅ	め	い	に	ち
ら	さ	く	ひ	ん	じ	わ	る
し	ょ	う	ば	い	み	か	た
	も	ん	の	ぼ	り	ざ	か

●保護者の方へ：分からない言葉は辞書を使って調べます。筆順や他の熟語を知ってさらにパワーアップ！

62 しゅじゅつの成功法 ②

主述　せいこうほう

目標時間は3分

分　　秒

Q 次の文の主語と述語をえらび，記号で答えましょう。

(1) ァ父は　ィ会社の　ゥ会長です。

主語	述語

(2) ァかなり　ィふったよ，　ゥ昨日　ェ雨が。

主語	述語

(3) ァわたしの　ィ妹は　ゥとても　ェ活発です。

主語	述語

(4) ァあなたこそ　ィ生徒の　ゥ代表を　ェするべきです。

主語	述語

(5) ァ君だったのか，　ィぼくの　ゥ鉛筆を　ェ使ったのは。

主語	述語

(6) ァ祖父も　ィいっしょに　ゥ公園に　ェ行きます。

主語	述語

(7) ァこの　ィカバンは　ゥ母の　ェものです。

主語	述語

●保護者の方へ：主語（主役）と述語（主役の動作，作用，性質など）の関係をしっかり理解させましょう！

〔　　月　　日〕

63 おたすけ WORD ⑥

目標時間は3分

分　　　秒

Q 次の各文の＿＿＿部が直接かかる部分を記号で答えましょう。

(1) ァあの ィ馬の 茶色い ゥ毛並みは ェとても ォ美しい。

(2) 大きな ァケースの ィ中身は ゥすべて ェ洋服です。

(3) やはり ァあの ィ問題に ゥ正解できたのは

　　　ェ君だけだったか。

(4) ァ母は 働きながら ィ簡単に ゥ家事も ェこなす。

(5) どんどんと ァだれかが ィ戸を ゥたたく ェ音が ォした。

(6) 昨夜は ァ風の ィ音が ゥずっと ェうるさかった。

●保護者の方へ：修飾語と言います。色々な言葉を助けることで言葉のイメージがふくらみます。

64 漢字マスター ⑯

目標時間は3分

分　秒

Q 次の(1)〜(10)の漢字を練習しましょう。

(1) 彼が指を指した□□に何かがある。

(2) □□に従わないと大変なことになる。

(3) ここにいるみんなが□□だ。

(4) 祖父の□□にお参りをする。

(5) あの人はとても□□な性格だ。

(6) 残りの□□はとなりの部屋で展示中です。

(7) 国会□□に選ばれるのは簡単なことではない。　議

(8) □□で成功した人の話を聞く。

(9) □□は一切受け付けません。　質

(10) この□□□はとても急だ。　り

●保護者の方へ：熟語は漢字だけを覚えるのではなく，文の意味から考えられるようにしておきます！

語彙&表現 中級 パズル道場検定

1 (1) 次のパズルは「熟語しりとり」というパズルです。ルールにしたがって，考えましょう。

スタート

住	人	間	近	所
学	数	方	後	有
習	度	角	前	名
字	作	家	室	内
体	力	来	客	部

ゴール

(2) (1)の熟語のうち，十四番目にあたる熟語の意味はどれですか。記号で答えましょう。

ア　数や図形などについて研究する学問のこと。

イ　字の書き方を習うこと。

ウ　学び，習うこと。

エ　字の形のこと。

ルール

① 熟語になる二つの漢字を連続して，スタートからゴールまで進みます。

② 線はたて・横に進み，マスの真ん中を通ります。

③ 漢字は二度使ってはいけません。

2 (1) 次のパズルは「熟語リンク」というパズルです。ルールにしたがって，考えましょう。

中						
委					始	
来	合	子		員		
	安		業	守		
客	心				宿	央

(2) (1)で作った熟語七つを答えましょう。

ルール

① 熟語になる二つの漢字をたて・横の線で結びます。
② 線はマスの真ん中を通ります。
③ 線どうしが交わってはいけません。
④ 線は漢字の入っているマスは通れません。
⑤ 漢字の入っていないすべてのマスを線は一回だけ通ります。

解 答 編

1 わに

よ	ぞ	ら	た	い	じ
し	あ	ね	わ	け	ほ
つ	い	も	う	と	ん
な	し	ょ	う	に	と
い	い	わ	や	ま	う

2 QA

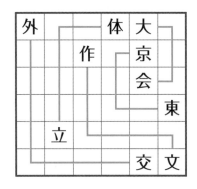

QB　外交　立体　作文
　　東京　大会

3 QA

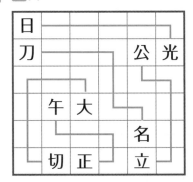

QB　日光　公立　名刀
　　大切　正午

4 (1) 夜空　　(2) 太(陽)　　(3) 姉　　(4) 妹　　(5) 室内

　　(6) 家来　　(7) 寺(院)　　(8) 少数　　(9) 本当　　(10) 岩山

5 れんこん

じ	ゅ	う	ご	や	た	い
れ	あ	ね	う	え	と	い
し	ん	し	つ	じ	う	わ
ま	さ	っ	か	こ	じ	ば
い	た	し	ょ	う	つ	ん

6 (1) 青い／屋根の／家が／見える。

(2) 母の／身長は／とても／高い。

(3) ぼくは／明日から／京都へ／出かける。

(4) 桜が／とても／きれいに／咲く。

(5) 近所の／おじさんは／とても／親切です。

(6) 夜の／学校は／とても／こわい。

7 (1)面白い　(2)すきな　(3)おちる　(4)ひびく　(5)本

8 (1)十五夜　(2)太(平洋)　(3)姉上　(4)姉妹　(5)教室
(6)作家　(7)寺社　(8)多少　(9)当日　(10)岩場

9 ほうれんそう

こ	う	さ	く	し	き
ほ	ひ	ろ	ば	な	こ
う	て	ん	れ	い	く
い	ん	り	ょ	く	ん
で	そ	つ	よ	き	ゆ
し	よ	わ	き	う	み

10

活動　強化　医者
去年　反対

⑪

			方		品
	作				平
				向	
坂	商			売	
	和				
					道

方向　作品　平和
商売　坂道

⑫ (1) 工作　　(2) 市内　　(3) 帰国　　(4) 広場　　(5) 店(員)
　　(6) 弓矢　　(7) 引力　　(8) 弟子　　(9) 弱気　　(10) 強気

⑬ うさぎ

だ	う	ひ	が	え	り
い	て	い	い	ち	ば
く	ん	ん	きゅ	う	
ひ	よ	わ	む	し	さ
ろ	ご	う	い	ん	ぎ
お	と	う	と	ぶ	ん

⑭ (1) わたしの/兄（あに）の/手は/とても/大きい。
　　(2) 弟（おとうと）も/四月から/小学生です。
　　(3) とても/きれいだね,/あの/星（ほし）は。
　　(4) とても/あたたかいよ,/今日（きょう）の/朝（あさ）は。
　　(5) きれいな/チューリップが/花だんに/咲（さ）いた。
　　(6) 夜（よる）の/廊下（ろうか）は/とても/暗（くら）い。

15 (1) すずしい　　(2) 大きい　　(3) 書ける　　(4) 聞こえる　　(5) にがい

16 (1) 大工　　(2) 市場　　(3) 日帰　　(4) 広間　　(5)（開）店
　　　(6) 弓道　　(7) 引用　　(8) 弟分　　(9) 弱虫　　(10) 強引

17 きりん

か	ご	お	き	ち	か	み	ち
た	ち	も	り	つ	う	が	く
み	ゃ	い	え	ん	ん	し	ん
き	ん	で	し	ゅ	う	か	ん

18 **Q** A

ご	は	く	さ	い	か
ぼ	れ	ん	こ	ん	ぶ
う	じ	ゃ	が	い	も
ほ	う	れ	ん	そ	う

Q B　六種類

19 **Q** A

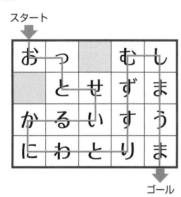

Q B　七種類

20 (1) 形見　　(2) 食後
　　　(3) 新茶　　(4) 近所
　　　(5) 通学　　(6) 週間
　　　(7) 近道　　(8)（永）遠
　　　(9) 心配　　(10) 思（い）出

21 だいこん

え	ん	け	い	だ	ちゃ
ぢ	こ	う	ほ	う	い	ど
か	こ	う	つ	う	こ	う
え	ん	し	ん	りょ	く
しゅ	う	し	ん	ん	し

22 （○で囲む語）　(1) まく　　　(2) わかす　　(3) こねる
　　　　　　　　　　(4) とける　　(5) さす　　　(6) かじる

23 (1) 母が　　(2) ぼくは　　(3) 妹<ruby>妹<rt>いもうと</rt></ruby>は　　(4) 姉<ruby>姉<rt>あね</rt></ruby>が　　(5) 風が

24 (1) 円形　　(2) 後方　　(3) 茶色　　(4) 間近　　(5) 交通
　　(6) 来週　　(7) 歩道　　(8) 遠心力　　(9) 安心　　(10) 思考力

25 ろば

と	す	う	じ	ま	ひ	る	て	き
ほ	ろ	し	ん	しゃ	ば	ん	ょ
し	は	る	い	ち	ば	ん	さ	う
ぞ	み	ょ	う	じ	ょ	う	い	し
ら	ち	ょ	う	ほ	う	け	い	つ

26 **Q**A　　　　　**Q**B　七か国

ド	ア	メ	リ	カ	ロ
イ	イ	ギ	リ	ス	シ
ツ	フ	ラ	ン	ス	ア
イ	タ	リ	ア	タ	イ

27 **Q**A　　　　　**Q**B　六種類

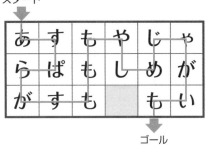

スタート

ゴール

28 (1) 戸　　(2) 天才　　(3) 教室　　(4) 数字　　(5) 新車
　　(6) 長方形　(7) 明星　(8) 春一番　(9) 星空　(10) 真昼

29 すいか

と	き	す	さ	い	の	う	よ
ぐ	ょ	い	く	ち	か	ず	あ
ち	う	し	ん	ね	ん	か	け
ち	ゅ	う	せ	い	し	ゅ	ん
せ	い	り	っ	ぽ	う	た	い

30 (○で囲む語)　(1) つづく　　(2) やく　　(3) わたる
　　　　　　　　　　(4) きる　　　(5) みがく　(6) すごす

31 (1) いぬが　(2) ぼくは　(3) いもうとは　(4) 花が　(5) 父が

32 (1) 戸口　　(2) 才(能)　　(3) 教　　(4) 口数　　(5) 新年
　　(6) 立方体　(7) 夜明(け)　(8) 青春　(9) 星(座)　(10) 昼食

33 くり

よ	く	て	い	だ	い
た	に	ん	せ	け	ん
し	し	い	れ	り	じ
ゅ	ぎ	ょ	う	じ	ょ
り	ょ	う	し	ん	う

34 （りゃく）

35 （りゃく）　＊身近ないぬやねこ，こん虫，魚，そして動物園や水族館にいる動物を思い出しましょう。

36 (1) 丁(寧)　　(2) 世間　　(3) 両親　　(4) 主役　　(5) 乗客
　　(6) 予習　　(7) 行事　　(8) 仕入(れ)　(9) 他人　　(10) (現)代

37 インド

せ	い	じゅ	う	りょ	う
よ	は	ん	ちょ	う	だい
い	た	こ	く	し	かた
しゅ	じ	ん	こ	う	ど
じょ	う	よ	う	しゃ	じ

38 (1) 庭 に／きれいな／花 が／たくさん／さいた。
　　(2) ぼくの／弟 は／小学生 です。
　　(3) わたし は／今日の／国語 で／百点を／とった。
　　(4) 夜 の／病院 は／暗 くて／とても／こわい。
　　(5) あの／山の／頂上 に／うっすらと／雪 が／見える。

39 (1) ア　　(2) ア　　(3) エ　　(4) ア　　(5) ウ　　(6) ウ

40 (1) 半丁　　(2) 世(紀)　　(3) 十両　　(4) 主人公　　(5) 乗用車
　　(6) 予(約)　　(7) 事(件)　　(8) 仕方　　(9) 他国　　(10) 代表

41 あぶらぜみ

ぜ	ん	い	ん	べ	ん	が	く	し	れ
じ	あ	ば	い	す	う	ぶ	あ	ゃ	っ
ゅ	け	ら	し	よ	う	ぜ	ま	し	し
う	い	み	じ	ょ	し	ゅ	ぐ	ん	ゃ

42 （りゃく）　＊都会では「虫」に会えなくなりました。カやハエ，クモ，ハチ，ゴキブリ，チョウ，ガなどまず身近なものから思い出しましょう。

43 （りゃく）　＊都会では「鳥」に会えなくなりました。スズメやツバメ，ヒヨドリなど身近なものから思い出し，動物園やテレビなどで見る「鳥」を思い出しましょう。

44 (1) 全員　　(2) 住(民)　　(3) 使用　　(4) (関)係　　(5) 倍数
　　(6) 雨具　　(7) 写真　　(8) 列車　　(9) 助手　　(10) 勉学

45 フランス

ぜ	しょ	く	じゅ	う	べ
ん	ふ	し	め	い	ら	じ	ん
り	ん	し	ょ	し	ゃ	ょ	き
ょ	れ	つ	す	ば	い	ぐ	ょ
く	と	し	ょ	が	か	り	う

46 (1) 主語 ア　述語 ウ　　(2) 主語 イ　述語 エ
　　(3) 主語 ア　述語 ウ　　(4) 主語 イ　述語 エ
　　(5) 主語 イ　述語 エ　　(6) 主語 ア　述語 エ
　　(7) 主語 ア　述語 エ

47　(1)ア　　(2)ア　　(3)エ　　(4)ア　　(5)ア　　(6)エ

48　(1) 全力　　(2)(衣)食住　　(3) 使命　　(4) 図書係　　(5) 倍(増)
　　(6) 文(房)具　　(7) 整列　　(8) 書写　　(9)(救)助　　(10) 勉強

49　あおむし

く	しゅ	す	い	しょ	う	あ
な	お	か	つ	ど	う	む	じゅ
い	か	が	く	きょ	ね	ん	ご
い	が	く	し	は	ん	た	い	う

50　Ｑ Ａ

あ	じ	さ	い	し	ま	う	ま
ぼ	た	ん	ら	い	お	ん	あ
つ	ば	き	つ	つ	じ	あ	ら
な	の	は	な	さ	い	ざ	い
う	め	も	も	く	た	ら	ぐ
ひ	ま	わ	り	ら	ち	し	ま

Ｑ Ｂ　花が　四種類多い

(境界線だけでよい)

51　Ｑ Ａ

Ｑ Ｂ　なずな

Ｑ Ｃ　すずしろ

＊最近は，野外でもなかなか見かけるのが少なくなりました。
　図鑑などで調べて，確認しておきましょう。
　「はこべ」は「はこべら」ともいいます。

52 (1) 活動　　(2) 勝負　　(3) 化学　　(4) 区内　　(5) 医学
　　　(6) 去年　　(7) 反対　　(8) 取水　　(9) 受(験)　　(10) 号(令)

53 ドイツ

げ	ん	ど	う	き	よ
は	し	きょ	う	か
ん	ょ	ど	い	しゃ
じ	う	く	い	しゅ
ゅ	あ	ん	ご	う	つ

54 (1) わたしの／父は／大きい／工場の／社長です。
　　　(2) 君(きみ)が／いつも／持(も)っている／かばんは／とても／重(おも)い。
　　　(3) 隣(となり)の／家の／庭(にわ)の／花が／きれいに／さいた。
　　　(4) ぼくの／弟は／四月から／小学生だ。
　　　(5) 大きくて／きれいな／ひまわりが／校庭(こうてい)に／さいた。
　　　(6) 妹が／とつぜん／大声で／泣(な)き出した。

55 (1) イ　　(2) ア　　(3) イ　　(4) ウ　　(5) ウ　　(6) ウ

56 (1) 言動　　(2) 勝利　　(3) 強化　　(4) 区別　　(5) 医者
　　　(6) (除)去　　(7) 反(則)　　(8) 取材　　(9) 受信　　(10) 暗号

57 あざらし

こ	う	じ	ょ	う	し	ん	し
あ	き	み	よ	う	め	い	ょ
あ	じ	み	ざ	へ	い	わ	う
か	い	い	ん	ら	ひ	ん	て
も	ん	さ	か	み	ち	し	ん

58 ＱA

は	ち	と	ん	ぼ	あ	ひ	る
す	ず	む	し	う	ぐ	い	す
み	の	む	し	か	も	か	か
ちょ	う	ば	っ	た	ら	も	
せ	あ	い	も	む	し	す	め
み	り	ひ	ば	り	と	ん	び

ＱB　虫が　二種類多い

（境界線だけでよい）

59

お	み	な	え	し
は	な	で	し	こ
ぎ	き	きょ	う	
く	ず	す	す	き
ふ	じ	ば	か	ま

60
(1) 向上心　(2) 君
(3) 味見　(4) 用命
(5) 平和　(6) 食料品
(7) 会員　(8) 商店
(9) 問題　(10) 坂道

61 ブラジル

ほ	う	こ	う	ぶ	いん
く	ん	し	ゅ	め	い	に	ち
ら	さ	く	ひ	ん	じ	わ	る
し	ょ	う	ば	い	み	か	た
	も	ん	の	ぼ	り	ざ	か

62
(1) 主語 ア　述語 ウ
(2) 主語 エ　述語 イ
(3) 主語 イ　述語 エ
(4) 主語 ア　述語 エ
(5) 主語 エ　述語 ア
(6) 主語 ア　述語 エ
(7) 主語 イ　述語 エ

63 (1) ウ　　(2) ア　　(3) エ　　(4) エ　　(5) ウ　　(6) エ

64 (1) 方向　　(2) 君主　　(3) 味方　　(4) 命日　　(5) 温和
　　(6) 作品　　(7) 議員　　(8) 商売　　(9) (質)問　　(10) 上(り)坂

パズル道場検定

1 (1) スタート　　　　　　　　　　　　　　(2) ウ

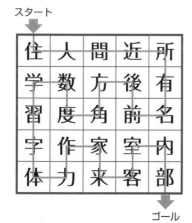

ゴール

2 (1)

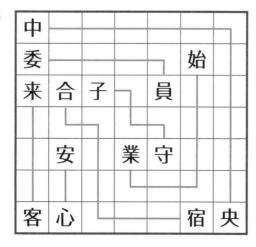

(2) 中央　　　委員　　　始業
　　子守　　　合宿　　　安心
　　来客　　※順不同

「パズル道場検定」が時間内でできたときは, 次ページの天才脳ドリル語彙＆表現中級「認定証」を授与します。おめでとうございます。

認定証

語彙&表現 中級

_____　殿

あなたはパズル道場検定におい
て、語彙&表現コースの中級に
合格しました。ここにその努力
をたたえ認定証を授与します。

　　　　　　　　年　　月

脳力開発研究所

橋本龍吾